PJ
56
.B
1279

AF230851

# PREMIER AVERTISSEMENT

PAR

## ALEXANDRE WEILL

PARIS

E. DENTU, LIBRAIRE-ÉDITEUR

PALAIS-ROYAL, 13 et 17, GALERIE D'ORLÉANS.

1862

# PREMIER
# AVERTISSEMENT

Un curieux.—Encore une brochure, mon Dieu! y pensez-vous?

L'auteur.—Ce n'est pas une brochure. C'est le résumé très-sérieux d'un livre encore plus sérieux.

Le curieux.—Et pourquoi ce titre?

L'auteur.—Parce que tout homme logique, déduisant les effets de leurs causes et prédisant l'avenir, est un avertisseur des temps présents.

Le curieux.—Mais l'autorité. Ne la craignez-vous pas?

L'auteur.—Je ne suis ni un ennemi du gouvernement ni un homme de parti. Si je donne ces avertissements, et je les donne à tous, c'est que j'y suis forcé par la nature de mon talent, mais surtout par la conscience de mon devoir. Nul honnête gouvernement ne pourra me blâmer de lui prodiguer mes conseils, sauf à les dédaigner. Comme Luther devant Charles-Quint, je dis : « Me voici. Il le faut ! » Si ce que je dis est vrai, il restera malgré vous, mais si ce que je dis est faux, il passera sans vous !

## I

Un homme, quel qu'il soit, peut-il avertir ses contemporains et prédire l'avenir? Car, qu'est-ce qu'avertir, sinon de dire : « En vertu de ma connaissance des lois qui régissent le monde, tels principes engendreront indubitablement tels faits; de telles causes jailliront immanquablement tels effets bienfaisants ou calami-

1862

1

teux. Ou bien encore, de vos actions dans le présent, voici les conséquences inévitables pour l'avenir. »

A quels signes reconnaît-on le vrai voyant? Y a-t-il d'ailleurs une certitude, un art à tirer les effets des causes? Allons plus loin. Y a-t-il des lois absolues, immuables, en vertu desquelles les actions humaines produisent toujours des effets logiques et naturels? Ne se peut-il pas que ces lois changent de cours, que celui qui les a faites les suspende ou les fasse disparaître?...

D'instinct, tout homme sent ce qui est juste et ce qui ne l'est pas. De plus, la conscience, dont nul n'est dépourvu, dit que le bien produit le bien et que le mal engendre le mal. Très-souvent l'homme, si ignorant qu'il soit, après avoir commis une mauvaise action ou un crime, se sent enserré dans un cercle de fer qui l'enchaîne au mal. Il appelle cela le destin. C'est tout simplement la liberté perdue. Le mal fait détruit le libre arbitre, en vertu de la loi logique des causes et des effets, agissant et réagissant les uns sur les autres. La logique, c'est *la loi forcée des choses*, vue par la raison et énoncée par la parole. Le mot logique vient de *logos*, qui veut dire *verbe*.

L'homme, par la logique, sent et reconnaît l'intime liaison entre les causes et les effets, entre l'idée et le fait. Il y a donc une science de l'avenir par la déduction des effets de leurs causes.

Cette science, d'ailleurs, est confirmée par l'histoire, ce tribunal du monde, ce vaste champ d'expérimentation sur les causes et les effets, sur les idées et les faits.

L'histoire des hommes, c'est l'étude des lois de Dieu.

Elle nous apprend que tout fait est l'incarnation d'une idée, que toute action porte quelque part, le bien produisant le bien et le mal engendrant le mal, que le temps est à l'action ce qu'est la distance au levier, à savoir : que les effets, si inévitables qu'ils soient, se font toujours sentir loin des causes. L'histoire, par des faits irréfragables, nous enseigne que tous les peuples, tous les hommes, tous les êtres sont solidaires les uns des autres. Elle nous montre souvent l'injustice triomphante, mais préparant en même temps, à tous sans exception, un avenir de perplexes calamités. Longtemps avant que la loi de la *solidarité* ne fût trouvée par la raison, l'histoire, par ses exemples, nous a démontré *qu'il ne suffit pas de n'être pas injuste, mais qu'il est du devoir de chacun de ne pas permettre qu'une injustice soit faite à autrui, sous peine de l'expier deux fois.* Quiconque n'a pas sacrifié sa fortune et sa vie, pour détourner une injustice de ses semblables, risque de voir tomber sur soi et les siens le fruit calamiteux de cette même injustice. L'histoire enfin nous montre l'intime liaison, l'identité entre le passé, le présent et l'avenir. Et dans ses pages elle déroule le principe de responsabilité, reversible d'une génération à l'autre, d'une nation à l'autre, d'un siècle à l'autre. Étudier l'histoire n'est donc autre chose qu'étudier les lois naturelles du monde et prédire l'avenir sur les mêmes données logiques.

Tout être humain est composé de chaleur et de lumière, chaleur du cœur, lumière de la raison. Mais pour qu'un homme voie juste, il faut que sa chaleur ne soit plus que lumière, et que la fumée tourbillonnante du feu n'en obscurcisse pas les rayons. Il faut que sa rai-

son ne soit offusquée par aucune arrière-pensée d'intérêt et de parti. Il ne faut pas qu'il ait d'autre ambition
que celle de trouver la vérité, il faut qu'il ait la passion
de l'absolu sans s'occuper du lendemain, et qu'il dise
avec le Talmud et l'Évangile : « Celui qui a donné la
vérité donnera aussi la vie; » il faut enfin que, possé-
dant d'intuition les lois de la logique, cette qualité soit
vivifiée en lui par les lumières de l'histoire expérimen-
tale.

Mais, dira-t-on, il y a des miracles! Les lois dont
vous déduisez l'avenir, et en vertu desquelles vous
donnez des avertissements, celui qui les a faites peut
aussi les changer, les suspendre, ou les défaire tout à
fait!

A cela je réponds, l'histoire en main : « Il n'y a pas
eu, il n'y a pas, il n'y aura jamais de miracles. » La loi
qui régit le monde ne fut jamais ni changée ni suspen-
due une seconde!

Si, pourtant, il est un miracle : celui de croire aux
miracles !

Tous les faits historiques du passé ont logiquement,
inévitablement jailli de leurs causes. C'est parce que
les hommes, oubliant les causes ou les ignorant, n'en
ont pas vu l'intime corrélation, qu'ils ont crié aux
miracles. Tous les grands faits de l'histoire contempo-
raine, depuis 89 jusqu'à la révolution de Février et au
delà, auraient passé dans l'antiquité pour des miracles,
absolument comme la sortie des Israélites de l'Égypte.
Il en est de même des découvertes physiques.

De tous temps, la majorité des hommes ont été des
ignorants conduits par de hardis aventuriers, parfois
par d'odieux chenapans. Leur histoire est une suite de

cruautés, de barbaries et de bestialités. Mais, de tout temps aussi, il y a eu, même au pouvoir, quelques hommes justes, faisant le bien et attaquant le mal, des hommes qui ont servi de modèles, et qui, dès l'antiquité la plus reculée, par leur verbe, par leurs actions, par leurs luttes contre l'injustice, ont touché aux hauteurs divines et ont maintenu l'humanité sur la voie du progrès !

C'est là la loi du libre arbitre.

En donnant la liberté à l'homme, le Créateur savait très-bien ce qu'il faisait et à quoi il exposait la création. L'homme est littéralement en opposition permanente avec Dieu et ses lois. Mais tôt ou tard il y aura réconciliation.

Cela s'appelle vivre, lutter, progresser. Le despotisme est contraire à toutes les lois divines. Le despotisme est athée. A tous les reproches que les hommes font au Créateur, on peut leur répondre : « Dieu ne gouverne pas despotiquement. En vertu de ses lois, l'homme responsable est pour beaucoup dans son bonheur ou dans son malheur. »

Désireriez-vous que Dieu, sacrifiant le tout à un misérable individu, ou même à une nation, changeât à tout instant ses lois, en vertu desquelles existe le monde intellectuel et matériel ? Ce serait bien pis, car alors tout serait détruit et tout serait à recommencer. Seulement les hommes et les êtres sont tellement solidaires que le mal fait retombe souvent de l'un sur l'autre. C'est de toute justice. Autrement, être juste pour soi et ne pas se préoccuper des injustices commises par autrui ne serait qu'un égoïsme intéressé. Autrement, à tout fait accompli, délit, crime, ou attentat, chacun se dirait, cela ne me regarde pas, je m'en lave les mains, et bientôt l'humanité, pleine de ces justes taciturnes, égoïstes et paresseux, tomberait, toujours en vertu de *la loi forcée* (logique), au-dessous de la brute.

Prédire n'est donc autre chose que d'avoir étudié dans l'histoire les lois de Dieu, et déduire logiquement les effets de leurs causes. Prédire alors, c'est avertir. Le prophète, en effet, est un avertisseur public. La loi des choses veut que tout peuple, tout homme, avant de perdre sa liberté et de devenir la proie logique de ses erreurs et de ses méfaits soit averti, afin que, coupant la racine du mal, il puisse recouvrer sa liberté par le bien. Car seul le libre arbitre égale l'homme à Dieu. Un homme qui a perdu sa liberté n'est plus qu'une machine. Une nation qui l'a perdue n'est plus qu'une brute monstrueuse !

## II

Profonde est l'erreur des hommes qui croient que la révolution de 89 et de 93 était une révolution exclusivement politique, jaillie de la colère du peuple injustement opprimé, ou bien le cratère à travers lequel une société volcanique crachait la lave impure de ses indignes dominateurs.

89 est le résultat logique et forcé de tout un système d'idées concrètes et acquises à la conscience universelle. Les idées mères avaient travaillé et converti tous les nobles esprits depuis deux siècles. Elles

s'étaient élaborées lentement, mais sûrement, dans une série de raisons humaines qui, depuis Montaigne jusqu'à Rousseau, se suivaient et se remplaçaient les unes les autres ; car les idées ont leurs racines, leurs fleurs et leurs fruits. Elles étaient arrivées à la maturité. Il fallait que de l'état abstractif elles entrassent dans le monde des faits par des incarnations politiques et sociales. Tout ici-bas, sauf Dieu, est composé de contrastes, d'esprit et de matière. Une idée n'entre dans sa véritable essence vitale qu'en se revêtissant d'un corps matériel.

89 est la transition d'un bouquet de fleurs philosophiques en fruit social et politique. La lutte parfois sanglante qui, depuis ce temps, ébranle la société, c'est la croissance d'un nouveau monde, enfant légitime de l'idée philosophique de 89. C'est l'antagonisme entre les vieux dogmes qui résistent et les nouveaux principes qui, en s'épanouissant, cherchent leur incarnation en des faits politiques ! Tant que durera cet antagonisme, il n'y aura pour l'Europe ni paix ni sécurité.

Comme tout ce qui est vrai et simple, l'idée splendide de 89 est accessible à toutes les intelligences humaines. Trois idées mères seulement ont surgi dans l'humanité et dominé le monde. Ces trois idées représentent trois différentes phases sociales, sous diverses formes gouvernementales. Toujours et partout, l'État et la société se modèlent sur l'idée que l'homme se fait de Dieu.

*Première idée.*—Le monde est l'œuvre de différentes forces supérieures et individuelles. Parmi ces forces une est plus puissante que les autres: *Zeus*, Jupiter, *Elohim*.

Toute l'histoire de l'antiquité, depuis les royaumes inconnus jusqu'aux républiques d'Athènes et de Rome; toutes les institutions de leurs gouvernements avec les castes, les classes privilégiées et déshéritées étaient des incarnations matérielles de l'idée des forces spirituelles. Les nations n'avaient entre elles aucun lien, ni humain ni divin. Chacune d'elles représentait une force isolée et non subordonnée à une force centrale. D'égalité, de solidarité, pas une trace. La liberté était le privilége de l'immense minorité. Ces nations, après avoir produit des œuvres d'art également isolées, mouraient d'épuisement et de vieillesse. Elles n'admettaient aucune transformation, encore moins d'élévation autre que la force présente, victorieuse ou vaincue.

*Deuxième idée ou deuxième phase.*—Il est une force unique, créatrice et centralisatrice, un *Être Étant, Jého-vah* (Moïse, Socrate, Platon). Toutes les autres forces sont contingentes, passagères, issues de cette seule force qui fut et qui est toujours. Toutes convergent vers leur centre.

De cette idée est sorti le principe d'unité, d'égalité et plus tard de fraternité. Mais elle sépare complétement la créature du Créateur, comme la machine du mécanicien. Elle ne comprend ni n'énonce *la solidarité des êtres,* et elle n'a jamais pu résoudre le problème de la liberté et de la prédestination, ni celui du juste opprimé et de l'injustice triomphante. Elle admet toutes les formes gouvernementales; mais elle condamne le privilége, le despotisme et la guerre fratricide entre les nations.

De cette idée, qui fut longtemps l'apanage du peuple juif, est sorti le christianisme avant sa paganisation par le dogme.

Le christianisme dogmatique est, en effet, un compromis philosophique et politique entre l'idée païenne et l'idée juive. Ne voulant pas renoncer aux priviléges de castes et de classes, force lui fut de réagir sur l'idée et de l'accommoder au monde païen.

La créature est née dans le péché,—idée que les Juifs n'ont jamais admise.—Elle a besoin d'être rachetée et elle ne peut l'être que par la foi. La raison même est subordonnée à la foi. La foi n'est pas libre, elle est imposée. On est chrétien de force, ou l'on est paria. Dans le sein du christianisme même règnent l'esclavage, le servage. Il admet des classes nobles et privilégiées nées pour gouverner,—l'idée de la grâce, idée contraire à la loi de Dieu. — Tout vient à l'homme par la grâce de Dieu. Il est né oppresseur ou opprimé, idée païenne s'il en fut. De là une société moitié barbare et moitié civilisée. Moïse n'a jamais séparé le spirituel du temporel. La société politique devait être modelée sur le principe religieux. Le royaume de Dieu, selon Moïse, est avant tout de ce monde, et quant à César, rien ne lui appartient, sauf ce que la loi et le suffrage du peuple lui accordent. Le christianisme, abandonnant la terre aux puissants par la grâce de Dieu, met la justice au ciel. Là seulement il y a égalité, il y a liberté ; là seulement il y a justice. Ici-bas, on peut laisser gouverner le despotisme basé sur la force, qui est une divinité et qui doit être adorée. Cette force plus tard fut privée de son autonomie, mais ce qu'on lui prenait d'un côté lui fut restitué par la grâce de Dieu.

Surgit la *troisième idée*.—La substance est UNE, *étante*, c'est-à-dire éternelle et non changeante dans le Créateur, *devenante* et mortelle dans l'être créé. Une partie d'essence créatrice est en tout, mais tout n'est pas Dieu. (Spinosa.)

Depuis ce troisième juif, toute la philosophie tourne autour de cette idée et en reçoit la lumière.

Spinosa est le créateur de la SOLIDARITÉ, non-seulement des hommes et des peuples, mais de tous les êtres.

Par lui, l'égalité s'explique et s'harmonise, en ce sens, que tout, étant à la fois divin et humain, remplit sa mission en vivant et en se développant d'après sa nature. Plus de chute et plus de rédemption.

Par lui s'explique la liberté complète, individuelle, issue de l'essence divine en quantité plus ou moins grande, et partant tout à fait responsable. Le but de l'être créé, c'est d'imprégner sa partie devenante et mortelle de sa partie immortelle et éternelle, par la liberté du beau, du bien et du vrai. C'est de vivre non-seulement en juste pour soi-même, mais, au nom de la *solidarité*, de coopérer à l'avénement du règne de la justice universelle. Il ne suffit plus dès lors de ne plus faire une injustice ni au prochain, ni aux bêtes, ni aux plantes; mais toujours, en vertu de la *solidarité des êtres, de ne pas permettre qu'une injustice soit faite, de mourir plutôt,* attendu que les corps ne sauraient mourir, étant tous les effets d'une même cause ; que cette cause qui se manifeste toujours par des créations *individuelles* ne saurait disparaître, et que, d'autre part, tous liés les uns aux autres sont identiques, le *non-moi,* n'étant qu'un *second moi,* et que le mal fait quelque part rejaillit indubitablement, inexorablement sur tous, sans distinction de temps et d'espace.

Donc, plus de castes, plus de priviléges, plus de

sectes, plus de pouvoirs de droit divin, plus d'aristocratie ni d'oligarchie.

## LA DÉMOCRATIE

Issue de la loi divine et se manifestant selon les lois
de Dieu, soit sous la forme de république, soit sous
celle de la monarchie constitutionnelle la plus complète et la plus égalitaire. Démocratie ne veut pas dire
*le règne de tous*, mais le règne de *la solidarité de tous*.
Quatre-vingt-neuf est l'enfant légitime de Spinosa et de
tous les grands penseurs qui l'ont suivi et qui l'ont
complété, les uns en le calomniant, tout en épousant
ses idées, les autres en l'adoptant tacitement ou ouver-
tement.

Aussi l'État moderne, fraîchement émoulu de 89,
fut-il logiquement poussé à mettre sa religion à la hauteur de son principe prototypique. L'*Être suprême* de Robespierre n'est nullement une fantaisie religieuse d'un
dominateur ; c'est la conséquence logique et forcée de
l'idée de 89. A part la lutte sanglante de 93, qui n'est
pas l'œuvre d'un homme, Robespierre seul a compris
instinctivement la philosophie de la Révolution. Les
autres étaient des instruments inconscients ; lui seul
avait conscience de son œuvre. Quoi que l'on fasse
dans l'avenir, il arrivera forcément de deux choses
l'une :

Ou le monde dogmatique, réagissant par les faits sur
l'idée, étranglera les principes de 89 — hommes et
choses, — comme le monde païen par l'établissement
d'un dogme antirationel a étranglé l'idée juive de
l'Évangile.

Ou bien 89 victorieux marchera droit, à travers les religions existantes, vers l'accomplissement de son idée mère, à savoir : le Créateur, l'*Être Étant ;* la créature, l'*Être devenant,* tous deux identiques par la partie divine ; la solidarité de tous les êtres ; l'œuvre seule et non la foi ; en d'autres termes : *Dieu* un, *la démocratie* une, *l'humanité* une.

Napoléon, après avoir rétabli l'ordre dans l'intérieur, fut faussement appelé le Robespierre à cheval. Il n'a point compris l'idée mère de la Révolution ; plus tard seulement, à Sainte-Hélène, il en a entrevu la portée. Il a rappelé le papisme. Avec le concordat, il avait signé sa perte. L'un devait tuer l'autre. Lui, par cet acte, avouait avoir besoin du catholicisme ; le catholicisme n'avait pas besoin de lui. Il a ses principes et ses hommes. On dit bien que sans la Russie et Waterloo l'empire ne serait pas tombé, mais d'une manière ou d'une autre, les effets jaillissent toujours de leur cause. Grâce à l'abandon des principes de 89 dans leur partie idéale, force fut à l'empereur de faire toujours la guerre, parfois à son corps défendant. Nulle paix n'est possible sans la suprême justice. Pour étouffer la lutte qui immanquablement, instantanément se serait établie à l'intérieur entre la cause et l'effet, entre l'idée et le fait, il fallait qu'il acceptât la guerre à l'extérieur ; et la guerre, c'est la suprême injustice, à moins qu'en vertu de la solidarité, elle ne soit faite pour empêcher que l'on ne fasse une injustice *à autrui.* Toute guerre pour se rendre justice à soi-même est odieuse. Les conséquences finales en retombent toujours sur le peuple qui l'a suscitée ou même qui l'a laissé faire.

89 n'est pas une nouvelle forme politique. C'est la

conquête d'un nouveau monde religieux; c'est l'incarnation religieuse et politique de l'idée de la *solidarité*.

Il se peut que, préalablement et dans un but de propagande démocratique, il débute par un changement de dynastie; mais un changement de dynastie qui ne change que les hommes est un jeu puéril, contre lequel proteste l'histoire tout entière. Il n'y a jamais eu un changement de dynastie réel sans une profonde révolution dans la religion *officielle*. Quand Israël s'est séparé de Juda avec une autre famille de rois, il a changé la religion, en revenant à l'idée des forces isolées et à l'adoration des idoles qui en fut l'incarnation. Il en fut de même aux Indes et dans la Chine, où la religion nouvelle engendra une nouvelle race de rois, une nouvelle dynastie, ou bien un rejeton de l'ancienne dynastie revint avec la guerre civile et les principes de l'ancienne religion ! C'est là l'histoire des brahmines aux Indes et des bouddhistes en Chine. La dynastie carlovingienne a institué le papisme en France, qui n'y existait pas avant elle. Le pape ne s'est établi en Allemagne, qu'il a divisée, qu'après l'extinction des Hohenstaufen.

Après Luther, Gustave Vasa s'empara de la Suède et Guillaume Ier de l'Angleterre, pour y établir le protestantisme parlementaire. Sans le protestantisme, devenu impuissant pour nos temps, jamais nouvelle dynastie n'eût pu se maintenir, ni en Suède, ni en Angleterre, ni même en Prusse. Aujourd'hui de même. Aucune dynastie nouvelle ne se consolidera nulle part avec les erreurs de l'ancienne foi officielle; car elle ne vient que dans le but de la remplacer, de la compléter par des vérités nouvelles jaillies de la raison divine. Elle n'a d'autre but que d'être le propulseur des principes de progrès surgis dans le peuple par ses grands hommes et poursuivis, reniés par les anciens pouvoirs. Autrement elle cédera toujours, soit à la réaction des partis représentant l'ordre du passé, soit à l'action des hommes représentant l'avenir.

On peut donc, sans risquer de se tromper et en vertu de la logique inexorable, établir les vérités suivantes :

*Premièrement.*—Dans l'état de choses actuel, 89, ou créera sa religion et transformera la société dogmatique en une démocratie déiste, libre et solidaire;

Ou bien la société dogmatico-aristocratique, avec sa philosophie antirationnelle et surnaturelle, comprimant toute idée de liberté et niant la solidarité, étranglera l'idée mère de 89 et en dévorera toutes les conquêtes sociales et politiques.

*Deuxièmement.*—Nul pouvoir nouveau, qu'il soit monarchique ou républicain, ne s'établira et ne saurait s'établir, même temporairement, en se basant sur l'ancienne foi dogmatique. *Il lui faut absolument une religion nouvelle, incarnation officielle des vérités philosophiques acquises à l'esprit humain et admises par toutes les intelligences droites, par toutes les raisons saines et voyantes.*

Quelle que soit la force matérielle de ce pouvoir, il ne jettera pas de racines dans le sol; car l'idée seule est la racine du fait. Il n'aura ni paix, ni trêve, il n'existera pas un jour sans lutte, soit dans l'intérieur, contre l'idée qui tous les jours et malgré tous les efforts de compression va, comme la chrysalide, vers son éclosion, soit dans l'extérieur, contre les principes et les faits de l'ancien monde.

Napoléon a eu son 18 juin !

Louis-Philippe a eu son 24 février !

La République a eu son 2 décembre !

Ni le premier, ni le second, ni le troisième, n'ont compris l'idée de 89.

On ne fonde quoi que ce soit qu'avec le principe.

On ne fonde rien avec la force et les compromis.

On ne réconcilie pas les hommes, avant d'avoir réconcilié les idées.

## III

Des gens obtus, des bourgeois repus ont cru et fait accroire que Louis-Philippe est tombé par la liberté de la presse et de la tribune. Autant dire qu'il faut qu'il y ait des hommes faisant le mal, parce qu'il y a un tribunal pour les juger. Louis-Philippe est tombé pour avoir méconnu ou inconnu la portée philosophique et religieuse de la révolution de Juillet, suite logique de 89. Louis-Philippe croyait ou paraissait croire que le peuple faisait des révolutions pour changer de famille royale ; que l'art de gouverner consistait, non de mettre logiquement en pratique les idées dominantes d'une époque, de donner un corps politique aux principes reconnus de la philosophie, d'être l'incarnation, le justicier d'un nouveau droit, mais de maintenir un certain équilibre entre les différents partis qui se contredisent et s'excluent mutuellement ; de pencher tantôt d'un côté et tantôt de l'autre ; en un mot, de diviser les hommes et d'amalgamer les principes. Louis-Philippe n'était pas voltairien, il était athée. Il ne croyait à aucun idéal, il ne pénétrait pas l'essence divine des principes de 89; il n'avait pas la moindre notion de la solidarité des peuples et des hommes. Il proclamait cyniquement et en vrai matérialiste le *chacun chez soi.* Il ne croyait pas à la conscience de l'homme, mais à son habileté. Son règne a corrompu nombre d'intelligences. Il suffit de se rappeler que, sous ce règne, une assemblée d'hommes, dans une loi sur la diffamation, ont inscrit ces mots : *La preuve n'est pas admise.* Quelque chose de si follement, de si cyniquement monstrueux ne se trouve dans l'histoire du droit d'aucun peuple, fût-il sauvage. Autant dire : Il est défendu à tout jamais de dire la vérité à qui que ce soit, ni de quoi que ce soit. Le mensonge flatteur seul est permis !

Louis-Philippe aurait réussi à proclamer et à maintenir le despotisme le plus hypocrite; il aurait muselé, mis sous ses pieds tous les journaux de l'intérieur et de l'extérieur, par toutes les voies d'intimidation et de corruption ; il aurait traité les députés de son temps comme des chiens couchants, ne se servant d'eux que pour lever et prendre un budget discrétionnaire; il aurait fait à lui tout seul toutes les élections politiques et municipales; il aurait établi autour de lui un vrai désert de silence, ou bien une foire de courtisans et de gazetiers thuriféraires, rien ne l'eût sauvé. Un peu plus tôt, un peu plus tard, son gouvernement, chancelant sur sa base, infidèle à sa raison d'être, se serait écroulé, et dans un moment où personne n'y aurait songé.

Il avait été élu pour être le représentant de la Révolution, et il prétendait ne devoir son élévation que parce qu'il était né sur les degrés quoique inférieurs de l'ancien trône.

Il avait été choisi pour corporifier l'idée religieuse de 89, et il rampait devant le dogme du moyen âge.

Il avait été signalé comme champion de l'égalité, et, outre le cens électoral, outre son refus de l'adjonction des capacités, il créait des nobles.

Il avait été acclamé comme représentant de la solidarité des peuples, et il proclamait le principe impie : *chacun chez soi!*

Il avait été porté au pouvoir comme transition *constitutionnelle* entre la monarchie et la république démocratique de l'avenir et d'un avenir assez lointain, et jamais, à aucune époque, il ne prit la constitution au sérieux. En corrompant la majorité des députés, il croyait avoir corrompu les principes et la logique.

Il aurait été respecté comme chef suprême de la justice, et il scindait le droit en morale publique et en morale privée. C'est sous lui qu'on a osé inscrire dans le Code : « La preuve n'est pas admise. » Sous lui encore, les hommes ont posé cet axiome : *La vie privée doit être murée.* Comme si un homme injuste envers sa femme, sa fille et son domestique pouvait ne pas l'être envers Dieu et le prochain; comme si le bon sens pouvait admettre un instant que l'on dît d'un citoyen : « Cet homme était honnête à la Chambre des députés, au barreau, etc.; mais c'était un coquin dans sa propre maison et dans celle de ses amis. »

Enfin, Louis-Philippe devait être le guide de la jeunesse, et il n'était que le compère de la vieillesse, et

quelle vieillesse ! Moi, tout le premier, je regrette amè-
rement le règne de la liberté de la presse et de la tribune ; Louis-Philippe n'a manqué ni de bons conseils,
ni d'avertissements sérieux et répétés. Ils lui venaient,
non de ses amis et flatteurs, mais de la presse et de la
tribune. Mais que l'on ne vienne pas nous dire que sans
ces libertés le règne de Juillet existerait encore. Exis-
tât-il même, il tomberait, à moins d'écouter les voix
qui lui parlaient à travers ces libertés et qu'il dédai-
gnait ! Il aurait pris je ne sais combien d'avocats et
même de généraux les plus braves ; un boiteux ne
marche pas mieux pour avoir augmenté, rajeuni le
nombre de ses béquilles. Louis-Philippe boitait de sa
raison et louchait de son cerveau ; il croyait voir la force
là où elle n'est pas. Elle n'est que dans la justice et dans
le droit. La force d'un pouvoir est dans l'idée à laquelle
il doit son existence, surtout quand ce pouvoir est jeune.
L'enfant n'est fort que par la mère. Louis-Philippe,
non-seulement méconnaissait cette vérité, mais encore,
esprit superficiel, ne voyant pas la cause des effets, il
n'admettait que le hasard et l'habileté. Avec Thiers, il
disait : « Nous jouerons le même air, mais nous le jouerons mieux. » Niaiserie ! On ne joue jamais mieux de la
mauvaise musique. Fût-on le premier virtuose, quand
la musique est détestable, on est sûr d'être sifflé et
chassé. Quelque grand que soit l'intérêt et la rage de
s'enrichir, les hommes ne se battent jamais sérieuse-
ment que pour des idées. Quelque misérable que soit
un peuple, il ne se soulève qu'au nom d'un droit méconnu. Les intérêts agitent, mais les idées gouvernent
et mènent les hommes les plus corrompus. Louis-Philippe eût eu tous les pouvoirs dans sa main ; il eût même

vaincu toute l'Europe, une nation après l'autre, il ne
se serait pas maintenu et il n'aurait pas fondé une
dynastie, à moins de modeler sa politique dynastique
sur les principes philosophiques et religieux de 89. —
Un homme qui nie le jour et le déteste a beau, à mi-
nuit, se glisser dans tous les poulaillers pour tordre le
cou à tous les coqs, parce qu'ils chantent ce jour en
pleine nuit, il n'y aurait que quelques coqs de moins ;
mais le jour, il viendra tout de même. Je répéterai
souvent encore cette image. Le vrai n'a pas toujours
besoin d'être nouveau !

## IV

Dans l'antiquité, la république politique s'accordait
avec la république religieuse ; le fait était identique à
l'idée. Il y avait au ciel un idéal de plusieurs hiérarchies
de forces supérieures et inférieures ; de même, sur la
terre, plusieurs classes, telles que patriciens et plébéiens.
Le reste était esclave, au ciel comme sur la terre. Neuf
dixièmes des humains étaient considérés comme des
choses.

La démocratie moderne ne pouvait surgir, ni dans
l'antiquité, ni dans le moyen âge, ni du temps de la
Réforme. Elle est la fille légitime de l'idée de la *solidarité*, et la solidarité des êtres ne pouvait être conçue
avant l'idée de l'unité et de l'ubiquité de la substance.
*Dieu est en tout*, voilà la démocratie, non égalitaire,
mais solidaire. Mais tout n'est pas Dieu. L'humanité est

divine, mais elle n'est pas Dieu, comme plusieurs démocrates le prétendent. Bien au contraire. Elle ne peut exister qu'en se basant sur l'idée du Créateur, étant toujours ce qu'il fut, ne progressant jamais et dont elle tient la liberté par la raison, l'égalité par l'unité de la substance, et la solidarité, seule voie progressive et ascensionnelle vers la perfection.

On a souvent demandé comment il se fait que, depuis 89, cette démocratie qui grandit tous les jours en quantité et en qualité n'ait pu établir un gouvernement stable, pas même temporairement; car l'Amérique avec ses esclaves n'est pas une démocratie, c'est une oligarchie.

Hélas! la république moderne a toujours échoué et échouera toujours sur l'écueil de la contradiction qui existe entre sa religion et son principe, c'est-à-dire entre l'idée et le fait.

Depuis 89, époque de transition et de transformation, il n'y a plus en France que deux partis. Tous les autres partis vont se fondre dans ces deux catégories principales, car ils n'en diffèrent que par des nuances imperceptibles.

D'un côté, il y a le vieux parti catholique, englobant tous les sous-partis conservateurs ;

De l'autre, le parti des négateurs universels, grossi encore par les épigones hégeliens de l'Allemagne, éliminant l'absolu, et qui, de l'autre côté du Rhin, n'ont prouvé que leur complète impuissance de fonder un gouvernement quelconque.

La France, et partant l'Europe entière, depuis soixante ans, est ballottée entre ces deux erreurs, entre ces deux dangers.

Se jeter dans les bras des ultradogmatiques, c'est nier sa raison, raison qui vient de Dieu ! c'est fouler aux pieds toutes les idées acquises par la science; c'est admettre que Dieu, malgré sa toute-puissance, ait d'abord attendu plusieurs milliers d'années avant de parler à Moïse,—bien qu'il eût pu parler à Adam;—puis, après avoir créé le monde dans le péché, croire qu'en se faisant homme il l'ait rédimé. Ce Dieu, qui n'est pas ce qu'il fut toujours, puisqu'il progresse, puisqu'il change d'avis et de forme, pardonne quelquefois aux hommes, quand il est de bonne humeur, et parfois aussi il est terrible et juge les humains avec sévérité. Mais il est avec lui des accommodements, surtout pour les fidèles. Quant aux autres : des hérétiques, ce sont des parias. Dieu ne les reconnaît pas. Dieu ne reconnaît ni l'égalité, ni la liberté, ni surtout la solidarité. Il a ses élus, ses séides. Il n'y a, à la place de ses lois que la grâce, c'est-à-dire, le bon plaisir. Aux uns, Dieu donne tout par la grâce; les autres, ses cadets, qu'ils se tirent d'affaire comme ils peuvent ! Ce même Dieu choisit certains hommes, certaines familles pour gouverner éternellement les autres; et ces heureux, pleins de grâce, n'ont qu'à imiter leur gratificateur. Parfois ils sont justes, mais ils ont aussi leurs favoris *gracifiés,* des classes, des familles entières qu'ils comblent de dons :—des fidèles.—Le reste : des esclaves, des serfs, des manants ! Le mot *peuple* est une incarnation de 89. L'idée dogmatique ne l'admet pas. Elle ne connaît que des castes, des classes privilégiées de naissance—les nobles — et d'adoption—les prêtres; —en un mot, le moyen âge, avec toutes ses odieuses folies, ses barbares impiétés et ses cruautés blasphématoires.

L'idée protestante ne diffère de ce principe que par des détails. Elle n'admet ni l'identité ni l'égalité.

Bossuet a parfaitement raison de dire que ce que le protestant admet est aussi antirationnel que ce qu'il rejette. Mais c'était une idée transitoire.

L'aristocratie anglaise pouvait exister à côté de l'idée protestante dogmatisée; elle disparaîtra forcément devant l'idée de l'unité de substance, d'égalité et de solidarité.

L'Europe, chaque fois qu'elle voulait se soustraire à ces principes décrépits du moyen âge, se trouvait en face d'un parti de démocrates, qui, niant tout au nom d'une raison *autonome*, niant le Créateur et le principe même de la création, mettant l'humanité progressive à la place de l'*Être*, lui présentait un monde, une société chaotique, où tout individu, se mettant à la place de Dieu, ne reconnaissant aucun idéal supérieur au-dessus de l'homme, gouvernerait d'après son inspiration et d'après sa force, qu'il appelle son droit; oubliant que, par la loi de la solidarité, le droit ne jaillit que du devoir accompli, qu'il en est l'effet et non la cause, qu'il n'existe pas de droit autonome et tournant autour de soi; que l'homme enfin, par son essence, par son travail et par sa pensée appartient aux autres avant d'appartenir à soi! Fonder une société sur la raison absolue, autonome et non émanée de la substance éternelle et non devenante, c'est proclamer l'anarchie et la guerre civile en permanence; car, il y a, il y aura toujours une raison plus forte que l'autre, un corps plus fort que l'autre, en d'autres termes, il y a toujours un plus fort et un plus faible. Pour que le fort travaille pour le faible ou le laisse travailler et l'appelle son frère, il faut qu'il sente d'instinct le principe idéal de la solidarité, en vertu d'un Créateur dont tout émane; il faut qu'il fasse ce que l'on appelle son devoir, et, en cas de refus, il faut qu'en vertu de ce principe idéal de justice, la société ait le droit de l'y forcer ou du moins de l'empêcher de faire le mal, afin que les autres puissent faire le bien.

Ce parti ignore surtout que l'homme perd sa liberté par le mal fait. L'homme est libre d'opter entre le bien et le mal; mais une fois la mauvaise action commise, l'effet saisit la cause et l'enchaîne. Même en revenant au bien, le mal fait porte quelque part, et amène le trouble social.

Le premier devoir d'un gouvernement social, c'est d'empêcher le mal. Or, l'action de faire du tort à un être quelconque vient toujours de la fausse idée que l'homme attache à son droit, oubliant que dans cette immensité d'existences il n'est lui-même qu'une imperceptible parcelle et qu'il se doit aux autres, avant que les autres se doivent à lui. Concevoir cette idée, c'est comprendre, reconnaître Dieu et la création. La démocratie, n'ayant pas pu jusqu'à ce jour s'élever à cette hauteur, perd toujours en très-peu de temps sa propre liberté, et, se dévorant soi-même, elle devient la proie du premier ennemi qui fond sur elle.

La démocratie croyait que les priviléges, les tyrannies du passé provenaient de l'idée de Dieu. Dieu, disait-elle, doit être le mal, puisque ceux qui y croient font le mal.

Mais le passé n'était contraire aux droits humains que parce que les hommes, violant leurs devoirs, n'avaient point une idée juste de la loi divine. Ils défiguraient Dieu, pour l'accommoder à leurs passions, à leur droit absolu. Tout tyran nie le devoir et ne formule que son droit ; tout tyran nie ou calomnie Dieu, pour mettre sa personne à sa place. En effet, s'il n'est pas de Dieu, centre unitaire vers lequel tout converge, l'homme doit gouverner d'après sa force et son habileté. Tout au plus respectera-t-il les forces du prochain, forces inégales avec lesquelles il fera un pacte de spoliation et d'exploitation contre les faibles. Ne connaissant pas la solidarité ou la niant, il ne fera le bien que pour son intérêt et n'évitera le mal que par crainte de représailles.

Jusqu'à présent, la démocratie républicaine, sauf de rares exceptions, a toujours travaillé aux combles de son édifice avant d'en avoir creusé et posé les bases. On peut dire qu'elle n'a fait que nier. Son *verbe* s'appelle *non*. Sa constitution est une feuille de papier blanc et son gouvernement s'appelle *an-archie*. La démocratie ne manque ni de chaleur de cœur ni de lumière de raison ; il lui manque la connaissance de l'histoire, c'est-à-dire des lois de Dieu. Elle a approfondi la science de l'homme, mais elle ne connaît pas Dieu, et ne connaissant pas Dieu, elle ne se connaît pas soi-même.

Celui qui a dit : « l'État doit être athée, » a dit une sanglante niaiserie.

Nul gouvernement ne saurait maintenir une loi, quelle qu'elle soit, sans principe idéal, en d'autres termes, sans la profession officielle de la vérité divine. Et tout gouvernement qui manifeste sa loi, *son Être social* dans une *religion ennemie,* se suicide et se condamne d'avance. Le Dieu de l'État doit être le Dieu solidaire de tous, comme il l'est, en vérité; mais l'État ne saurait être athée un jour. La liberté de conscience absolue, sans principe divin supérieur, suffit à l'État comme trêve entre les partis; mais elle n'est nullement la paix.

Est-ce qu'un catholique sincère considère un protestant, le turc et le juif comme son frère ? Est-ce qu'en l'excluant de son ciel, il ne l'a pas toujours exclu—dès qu'il l'a pu—de tous les droits de la terre. N'en est-il pas de même dans un pays où les protestants sont en majorité et les maîtres, aussi longtemps qu'ils sont réellement protestants. Or, comment instituer une république d'égalité pour tous, quand les citoyens ne se reconnaissent pas comme frères égaux en vertu de leur Dieu ! L'homme ne croit à la liberté qu'autant qu'il la considère comme donnée à tous par le Créateur moyennant la raison. Il ne croit à l'égalité qu'en admettant que tous les hommes sont frères et enfants d'un même Dieu. D'autre part, le citoyen fort ne fait son devoir envers le citoyen faible qu'en vertu d'un principe divinement inné du juste et de l'injuste, et au nom de la foi à la *solidarité des êtres.* Dès lors donc qu'un gouvernement invoque ce principe du droit dans une religion de parti, dès qu'il ne professe pas une théologie mère, en vertu de laquelle il s'annonce comme l'incarnation sociale de ces principes de liberté, d'égalité et de solidarité, il présente les flancs aux partis religieux et politiques exclusifs, qui l'abattent de ses propres armes.

Quand la démocratie aura reconnu son Dieu, elle trouvera bien vite son gouvernement,

## V

Résumons! Concluons! Avertissons!

Nul pouvoir humain ne peut ni arrêter ni vaincre une idée, quand cette idée a jailli de la conscience historique de l'humanité; quand elle est entrée dans le cœur des hommes sincères et droits, des *meilleurs* de leur temps. Il n'y a pas, il n'y aura jamais d'autre aristocratie.

Nul ne régnera plus aujourd'hui sur la France, centre de l'humanité intellectuelle et géographique, qu'en vertu de la Révolution de 89.

Si la France a deux fois changé de forme gouvernementale et de dynastie, c'est que les principes en vertu desquels régnait la vieille dynastie sont incompatibles avec la philosophie religieuse et sociale de 89[1].

Nul pouvoir ne se maintiendra en France, à moins de réconcilier l'état politique de la Révolution avec ses principes, à moins d'identifier les effets avec leurs causes.

*Or, quatre-vingt neuf ne présente ni l'idée juive, ni l'idée catholique, ni l'idée protestante. Quatre-vingt neuf c'est*

### LA SOLIDARITÉ DES ÊTRES,

SOUS LE DIEU UN, LA LOI UNE, L'HUMANITÉ UNE.

---

1. Chateaubriand et Genoude ont essayé, mais en vain, de réconcilier la vieille dynastie avec les principes de 89. Ils ont été désavoués des uns et reniés des autres.

*Quatre-vingt neuf est une nouvelle révélation, une nouvelle religion, et partant une nouvelle société, une nouvelle politique.*

Nul gouvernement en France n'aura la paix intérieure et extérieure, à moins qu'il ne rattache son existence à ces racines divines.

Nul ne fondra ni une dynastie ni une démocratie républicaine avec le dogme officiel du passé. Quand on déclare avoir besoin d'un principe qui n'a pas besoin de vous, ce principe-là seul règne et gouverne.

89 n'admet nul dogme contraire à la raison universelle et à la solidarité de tous les êtres.

89 étant la solidarité, il est forcément la liberté et l'égalité. La liberté, *c'est de dépendre de la loi logique et non des hommes.*

L'égalité, c'est l'expansion libre de toutes les forces divines dans l'homme, chacun selon sa nature. Naturellement la liberté de l'un s'arrête toujours là où elle lèse la liberté d'autrui. Il en est de même de l'égalité. Ces deux forces sont limitées par la solidarité.

Nul être humain, fût-il grand comme Dieu, ne fondera plus rien en France sans la liberté et sans l'égalité. Liberté du *verbe*, liberté de la presse et de la tribune réglée par la loi qui veut que la liberté des uns s'arrête où commence la liberté des autres; car seule, la liberté rend la justice possible, et seule, l'égalité laisse arriver toutes les forces, toutes les séves et leur donne le pouvoir de faire le bien.

Dans ce monde, rien n'existe pour soi. La liberté n'est que l'égide de la justice. Sans liberté, point de justice possible, et sans justice, rien ici-bas ne dure. Avant de produire le bien, la liberté empêche le mal. Toute force, toute volonté a besoin d'être limitée pour produire le bien. La liberté seule de l'un limite la force de l'autre. Partout où se commet soit un abus, soit une injustice, une liberté a été violée ou étouffée, et là où la liberté se manifeste, elle arrête dans son cours une force qui, abandonnée, se détruirait. Dieu lui-même a créé l'homme libre, libre au point de nier son Créateur ; seulement l'homme ne conserve sa liberté que par le bien. Dès qu'il commet une injustice, l'effet du mal réagit sur la cause, l'enchaîne, lui ôte le libre arbitre et le pousse fatalement, c'est-à-dire d'après la loi des choses, jusqu'à sa perte et à la perte de tous ceux qui n'ont pas employé leur liberté à l'arrêter dans cette voie. Telle est la loi inexorable de la justice entre la liberté et la solidarité.

Tout pouvoir, si grand ou si petit qu'il soit, a besoin d'être limité par la liberté, afin qu'il se maintienne dans les bornes de la justice ; c'est pourquoi tout homme qui flatte un pouvoir quelconque est un criminel envers son prochain, sa patrie et l'humanité.

Tout écrivain qui encense le pouvoir, fût-il le plus juste, est un mauvais citoyen ; car si juste que soit le pouvoir, il ne le sera pas toujours, s'il n'est pas maintenu dans les limites de la raison par la liberté. Le flatter, c'est l'engager à violer cette liberté, à se perdre et à perdre les autres avec lui. Le pouvoir, à son tour, qui emploie sa force à étouffer la liberté, touchât-il au ciel de son génie, il fut, est ou sera injuste. Étant injuste, il reste lié à ses injustices comme un galérien à ses chaînes. Il perd son libre arbitre. L'effet réagit sur la cause, l'enchaîne au mal, et finit par la détruire au milieu des ruines.

Gouverner avec la liberté, cela veut dire :« Je désire être juste. Je vais non-seulement me surveiller moi-même, mais me faire arrêter dans mes écarts par les raisons humaines qui me surveillent pour me modérer. »Malheur à ceux qui ne peuvent plus tolérer la liberté. Malheur à l'homme, fût-il grand comme le monde, qui *peut* ce qu'il *veut !* Nulle raison humaine n'est assez forte pour pouvoir se dire : «Je ne ferai que le bien, je serai toujours juste. » La liberté seule fait la lumière autour de la raison. Sans la justice, l'homme moral étouffe. La justice est à l'âme ce qu'est l'air au corps.

Malheur aux citoyens qui disent: « Demain, après demain nous userons de la liberté, quand les passions seront apaisées, quand notre fortune sera faite ! » Ils n'auront ni paix ni trêve ! Plus ils tarderont à en user, moins ils en jouiront. Leur raison s'égarera dans les voies ténébreuses de l'injustice, eussent-ils même la volonté d'être justes et de faire le bien. Il n'est pas donné à l'homme de transiger avec son devoir, ni de violer la loi forcée des choses. Nul mortel ne saurait être juste, ni aspirer même à la justice sans la liberté du prochain.

Dans ce monde, une chose n'existe que pour et par l'autre. L'humanité spirituelle et physique n'est qu'un vaste engrenage, en vertu de la même loi qui régit les idées et les choses, les principes et les faits. Dire : « Je donnerai la liberté, » autant dire :«Je veux pouvoir être injuste, jusqu'à ce qu'il me plaise d'être juste. »C'est se condamner soi-même; car toute injustice lie la cause à l'effet et lui ôte jusqu'à la liberté du bien. Un pouvoir qui détruit la liberté est un pouvoir qui se suicide, eût-il le monde entier à ses pieds. Il devient esclave de son passé, de son pouvoir d'être injuste. Quand le gouverné n'a pas la liberté de se faire rendre justice en tout et pour tout, le gouvernement n'a plus d'autre liberté que celle d'être injuste.

Il est des hommes qui croient que rien ici-bas ne peut exister avec la liberté.

Hélas oui! Rien d'injuste, rien de violent, rien qui blesse les strictes lois de la justice ne peut à la longue durer à côté de la liberté. La liberté chasse devant elle l'injustice et l'intérêt égoïste comme le jour chasse le voleur dans son réduit. Tout ce qui ne peut pas exister avec la liberté ne vaut pas la peine d'être conservé. Mais la liberté n'est pas plus absolue que la justice. Si elle empêche l'injustice, à son tour la justice empêche la liberté de dégénérer en licence et violence. Les idées s'engrènent et se limitent comme les individus.

Et qu'on ne vienne pas nous citer les *terreurs* de l'histoire, qui ne furent que de grands jugements, de grandes expiations.

C'est parce que les pouvoirs étaient injustes pendant des siècles, que les peuples ne pouvaient rester libres. En vertu de la *solidarité* des êtres, celui qui permet qu'une injustice se commette est aussi criminel que celui qui la commet. Et il l'expiera trois fois, lui et ses enfants. Telle est la loi de l'histoire.

Croit-on qu'après les deux règnes de Louis XIV et de Louis XV, il eût été possible d'arriver à la liberté avant l'expiation d'un siècle de crimes et d'injustices? Ce serait nier l'histoire et Dieu. La justice ne serait qu'un mot, s'il était permis d'être injuste impunément un seul jour, une seule minute !

Il n'est pas donné à une nation de se dire : « Je subirai des injustices depuis 1700 jusqu'à 1800 pour devenir juste au dix-neuvième siècle. » Il n'est pas donné à des catholiques de se dire : « Nous tolérerons des crimes envers les protestants et les juifs, pour devenir justes et heureux quand ces douleurs seront apaisées. » Il n'est pas donné à trente millions de blancs de se dire : « Les souffrances de cinq millions de nègres ne nous touchent, ne nous toucheront pas. Elles passeront ! » Non ! Les catholiques qui ont toléré ces crimes sans s'y opposer, leurs enfants iront, comme les protestants, à l'exil, à l'échafaud ! Les blancs, qui depuis cinquante ans sont sourds à la voix de la justice, ils s'entr'égorgeront, ils s'entre-ruineront pour ces mêmes noirs, qui regarderont et laisseront faire.

Admettre que le passé ne soit pour rien dans le présent et dans l'avenir, c'est se modeler tous les siècles un autre Dieu, un autre idéal. Ce n'est pas la liberté qui est la coupable, mais la société non libre. La liberté de soi empêche l'injustice, et faute de l'empêcher elle la venge. De justiciable, la liberté se fait tôt où tard justicière. La lumière se fait incendie, puis après, les ténèbres et le néant !

Cette alternative de malheurs est précisément le châtiment d'un peuple qui ne sait pas être libre et qui croit sauvegarder ses intérêts par l'abandon de ses libertés.

Qu'ils sont téméraires et aveugles ces soi-disant amis d'un pouvoir qui le poussent et le maintiennent dans les voies de l'arbitraire. Ils croient sauvegarder leur position et leur fortune; mais sans la justice la plus stricte, nulle fortune, nulle position n'est assurée, et sans liberté, plus de justice. Ce ne sont pas les pauvres et les malheureux qui souffriront le plus de ce manque de justice. Voyez l'Amérique ! Elle a prospéré comme pas une nation. Mais elle était injuste envers les noirs. Eh quoi ! ce ne sont que des noirs, de misérables nègres, absolument comme dirait le boutiquier, le banquier de Paris : ce n'est qu'un journaliste, qu'un démocrate ! Qu'on les pende, non, qu'on les transporte, et qu'il n'en soit plus question ! Mais voilà déjà plus de cent mille blancs qui ont mordu la poussière. Les survivants sont ruinés. Le tout pour ces coquins de noirs, et nul ne les plaint ! Ils ont laissé une injustice ronger le corps social, et l'injustice s'est vengée. Il n'y a pas de pardon ici-bas. Toute action porte quelque part. Dieu ne punit et ne pardonne pas. Il est la loi et la justice. Vous avez beau courir embrasser les pieds de l'autel, comme le criminel païen; vous avez beau vous cacher dans les bras du prêtre, l'injustice faite, c'est comme si vous vouliez détruire l'effet produit par un levier, ou arrêter une pierre qui roule du haut en bas. Dieu ne changera pas la loi du monde pour quelques misérables mortels. Vous êtes injustes, plus encore, vous laissez faire des injustices en vous disant : Cela ne nous regarde pas, cela ne nous touchera pas. Eh bien, elles retomberont sur vous seuls et sur vos héritiers, ces seconds vous-mêmes ! Vous ne voulez pas que votre prochain soit libre, de peur qu'il ne vous arrête dans votre omnipotence. Eh bien, vos enfants, loin de jouir de la liberté, seront esclaves, victimes de cette même liberté qui, de justiciable, se fait justicière. Vous ne le croyez pas. Vous vous moquez de mes avertissements. Lisez l'histoire ! L'histoire des hommes, c'est le récit de la loi de Dieu. Ou bien croyez-vous que l'histoire changera ses lois ou son cours, parce que vous ne l'étudiez pas, parce que vous l'ignorez! En niant la liberté, vous ressemblez à ce paysan autrichien qui, mettant son large pied sur la source du Danube, s'écria : « Vont-ils être étonnés à Vienne quand ils ne verront pas arriver leur Danube que j'arrête de mon pied ! »

Je considère le pouvoir comme le fardeau le plus lourd que Dieu ait lié sur les épaules d'un mortel. Je n'ai jamais envié un instant cette lourde responsabilité. Autant dire que mes paroles sont sans haine de parti, sans arrière-pensée d'ambition Le pouvoir le plus prévaricateur représente encore l'ordre et la propriété, et comme tel, il doit être respecté. Mais, si le pouvoir représente l'ordre, la liberté est la mère de la justice. Il est donc du devoir de tout citoyen de contribuer, par ses paroles et ses actions, à ce que cet ordre ne se détruise pas par ses propres excès.

Je dirai donc au pouvoir : « Voulez-vous fonder une dynastie nouvelle, cherchez bien les causes qui la rendent nécessaire, indispensable. Rien ici ne dure, à moins d'être nécessaire. Voyez quelles nouvelles choses il faut à de nouveaux hommes, et que vos faits soient d'accord avec les nouveaux principes admis par tous les hommes de bien. Vous n'êtes certes pas nécessaires pour conserver le vieux monde avec son vieux dogme et ses vieux rouages. La pièce de raccommodage, comme dit l'Évangile, emporterait le vieil habit.

Une nouvelle dynastie n'est plus nulle part possible qu'à la condition de représenter en même temps l'ordre héréditaire et la liberté élective la plus complète. Entre la monarchie du passé et la république de l'avenir, rien n'est plus possible que l'hérédité constitutionnelle la plus franchement et loyalement constitutionnelle, basée sur l'unité de Dieu et la solidarité de tous les êtres.

Ce pouvoir, se déchargeant de la responsabilité et de l'infaillibilité, peut seul être juste, parce que seul il est libre, plus encore par la liberté des autres que par la sienne propre. Si Louis-Philippe avait été un roi réellement constitutionnel, nulle révolution ne l'eût jamais renversé, et jamais il n'eût pris la fuite. On l'aurait prié les mains jointes de rester. Il est vrai qu'il n'aurait pas craint de laisser voter l'adjonction des capacités, et qu'il n'eût pas reculé devant ce grand anarchiste qui s'appelait Odilon Barrot.

Dire : « Demain je serai constitutionnel, demain je donnerai la liberté d'écrire et de parler, » autant dire : «Demain, je tâcherai d'être juste.» Il suffit que l'homme puisse ce qu'il veut, qu'il veut ce qu'il ne doit pas. C'est méconnaître l'essence même de la liberté, que de se dire : «Quand je croirai le moment opportun, quand je ne trouverai plus d'opposition, je tolérerai la liberté.» Elle n'existe que pour faire de l'opposition, c'est-à-dire pour dire des vérités au pouvoir, afin de le tenir sur les rails de la raison et de la modération, de le refréner, de régler et de limiter ses forces, parfois aussi pour activer ces mêmes forces, afin de les faire marcher hardiment sur les voies du progrès. Elle n'a pas d'autre raison d'être. Ah ! me dira-t-on, la liberté pourrait renverser le pouvoir, et avec lui tous les éléments d'ordre et de prospérité.—Oui, elle le renverserait s'il était injuste, arbitraire, violent, inique, égoïste. Oui, si vous vouliez gouverner et administrer tout à votre guise, et d'après vos passions ; oui, si vous ne connaissiez que votre bon plaisir et celui de vos flatteurs vivant à vos dépens ; oui encore, si vous résistiez systématiquement aux idées généralement admises dans les raisons des hommes pour y substituer les vôtres, si généreuses qu'elles fussent à l'apparence ; oui, si vous méconnaissiez l'esprit du temps présent pour vous accrocher aux ruines du passé ; oui, oui, oui, la liberté vous renverserait. Mais la justice ordinaire aussi renverse le mal, et, en ce cas, vous ne représenteriez certes pas le bien. Encore la liberté ne ferait que hâter un peu la chute. L'absence de liberté ne vous sauverait pas. Vous auriez beau, comme une puissante machine sans frein et sans arrêt, broyer tout le monde, à la fin vous vous enflammeriez et vous vous broieriez vous-même !

Mais si vous voulez, comme j'aime à le croire, n'être que le représentant de la justice, l'initiateur du progrès ; si, vous respectant vous-même comme le principe de l'ordre, vous faites respecter les droits d'autrui ; si vous veillez à ce que la liberté, la sauvegarde de tout, ne soit dépendante que de la loi et jamais des hommes, fussent-ils des anges, loin de vous renverser, elle vous servira d'appui et d'égide. Elle sera comme le fleuve, la voie qui marche et qui vous porte, et elle élèvera autour de vous et de votre dynastie des remparts infranchissables et inexpugnables ; car de votre prospérité dépendrait la sienne. Elle ne vivrait que par votre vie, et, de plus, elle la rendrait immortelle !

Pourquoi reculer devant un essai ? Vous craignez de compromettre l'avenir et la prospérité du pays ! Mais cet avenir et cette prospérité sont-ils moins compromis si vous continuez d'assumer seul toute la respon-

sabilité ? Est-il un homme sur la terre qui puisse dire :
« Je ne me tromperai pas, je ne ferai pas de faute ? »
Fut-il un pouvoir dans l'histoire qui, parce qu'il pouvait faire ce qu'il voulait, eût rendu son peuple heureux
et content ? Qu'on me le cite ! Même doués de génie,
ces hommes ont légué à leurs fils un avenir de malheurs
et de calamités. Et toujours les nations qui ont fait
litière de leurs libertés se sont creusé un abîme sous
les pieds; car, en vertu de la *solidarité*, il ne suffit pas
de ne pas commettre des injustices, il faut encore em-
ployer son talent, sa force et sa fortune pour empêcher
qu'une injustice ne soit faite ni à un prochain, ni à une
nation, sous peine de l'expier doublement !

Telle est la loi de la solidarité, telle est loi de Dieu.

C'est pour obéir à cette loi que j'élève ma faible voix
dans l'intérêt de tous, du pouvoir aussi bien que de mes
concitoyens. Que l'on m'écoute ou non, après comme
avant, je ferai mon devoir de citoyen, de Français et
d'homme en obéissant aux lois de Dieu et à celles de
mon pays !

PARIS. — IMPRIMÉ CHEZ BONAVENTURE ET DUCESSOIS
55, QUAI DES AUGUSTINS.

www.ingramcontent.com/pod-product-compliance
Lightning Source LLC
Chambersburg PA
CBHW061127050726
47594CB00005B/2123